Disney

ESRARENGİZ KASABA

OYUN KİTABI

Disney

ESRARENGİZ KASABA

OYUN KİTABI

BETA kids

YERLEŞTİR
ROBBIE VE ANILAR

İÇİNDEKİLER

Dipper'ın Açıklanamayan Olaylar Rehberi

8 Oyun Kuralları
Dipper'ın Açıklanamayan Olaylar Rehberi

OYNANDI! *

- ☐ 10 Olay # 348 "Bozulan Planlar"
- ☐ 14 Olay # 412 "Garip Ördekler"
- ☐ 34 Olay # 47 "Kara Orman"
- ☐ 38 Olay # 273 "Su Fobisi"
- ☐ 54 Olay # 198 "Dokunulmazlık"
- ☐ 58 Olay # 54 "Ölümsüzlüğe Geri Sayım"
- ☐ 78 Olay # 11 "Yok Böyle Bir Aşk!"
- ☐ 82 Olay # 306 "Şarkının Ritmi"
- ☐ 98 Olay # 95 "Utangaç Utanmaz"
- ☐ 102 Olay # 515 "Ah, şu kızlar!"
- ☐ 122 Olay # 211 "Kimsesiz"
- ☐ 126 Olay # 67 "Ne Aile Ama!"

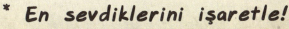

* En sevdiklerini işaretle!

MABEL'İN ANI DEFTERİ

Oynandı!

- ☐ 18 Düşler Partisi: "Çıkartmalar Savaşı"
- ☐ 22 Sezgi Partisi: "Tahminler Tombalası"
- ☐ 42 Bulmaca Partisi: "Herkes Çok Tuhaf"
- ☐ 46 Büyük Patlama Partisi: "Kör Navigasyon"
- ☐ 62 Tanıma Partisi: "Ne Kargaşa!"
- ☐ 66 Yanıtlar Partisi: "Karanlıkta Yolculuk"
- ☐ 86 Numaralar Partisi: "Kaybolan Para"
- ☐ 90 Şapşallık Partisi: "Saçma Ötesi"
- ☐ 106 Tahminler Partisi: "Neyle İlgili?"
- ☐ 110 Su Damlası Partisi: "Kutsal Kupa!"
- ☐ 118 Zekâ Partisi: "Harika Amca Stan'in Şans Çarkı"
- ☐ 130 İyilik Partisi: "Meraklı Mabel"
- ☐ 134 Yetenek Partisi: "Telepati"

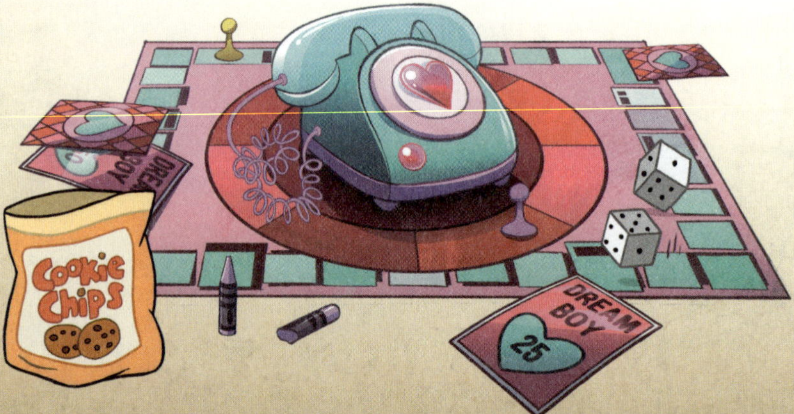

HARİKA AMCA STAN'DEN SİHİR NUMARALARI

Oynandı!

☐ 30 "Suç Ortağı" Numarası

☐ 74 "Süper Güç" Numarası

☐ 94 "Gremoblin Kanı" Numarası

☐ 138 "Mıknatıs Adam" Numarası

Mabel'ın Tavsiyesi

Oynandı!

☐ 26 "Gözyaşı nasıl şekere dönüştürülür?"

☐ 50 "Test: Uykuyla aran nasıl?"

☐ 70 "En sevdiğin oyuncak ayı için yapacağın 10 şey"

☐ 114 "Diğer gıdalarla aşırı uyumlu şeker şekilleri"

142 GİZLİ MESAJ ÇÖZÜMLERİ

Dipper'ın Açıklanamayan
Oyun Kuralları

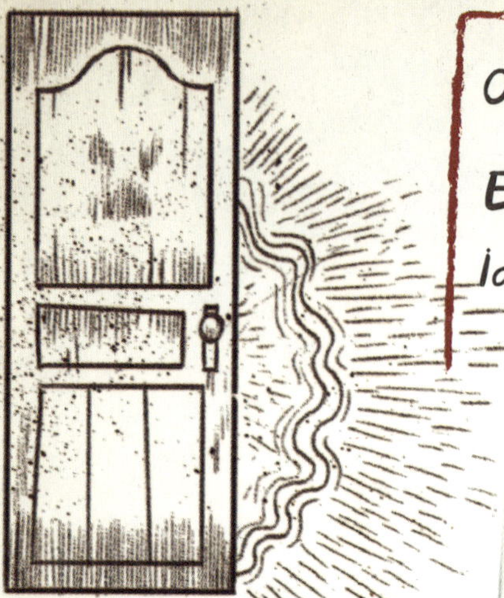

Oyun süresi 5 dakika

En az 2 oyuncu
İdeal 6-8 oyuncu

Zorluk Derecesi: Orta

Oyunun Amacı:
Öykünün gizemini çözmek.

Özet:

Ev sahibi, öykünün bir bölümünü okuyarak oyunu başlatır. Bu oyuncuya Oyun Başlatıcı denir. Diğer oyuncular, öykünün devamını tahmin etmeye çalışırlar. Oyuncular, Oyun Başlatıcı'ya evet ya da hayır olarak yanıtlanabilecek sorular sorabilir. Oyun Başlatıcı bu sorulara "Öyküyle ilgisi yok" şeklinde de yanıt verebilir.

KURALLAR

1. Oyun Başlatıcı, öykünün başlığını ve altındaki birkaç cümleyi yüksek sesle okur.

2. Kendisi öykünün tamamını okuyabilir ancak yüksek sesle DEĞİL!

3. Gizem çözülene kadar oyuncuların tüm sorularını yanıtlar.

4. Oyuncular pes ettiğinde, Kilit Sorulardan biri yüksek sesle okunabilir.

5. Gizem çözüldüğünde bir sonraki öyküyle devam edilir!

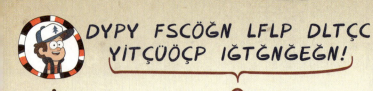

DYPY FSCÖĞN LFLP DLTÇC YİTÇÜÖÇP IĞTĞNĞEĞN!

?

Oduncu ailesi, ilginç bir sergiyi ziyaret etmeyi planlıyordu. Dışarıda hava çok güzeldi. Planları da işte bu yüzden bozuldu. Sence neden?

KİLİT SORULAR:

1. Sergi kapalı mıydı?
2. Sergi açık havada mı düzenleniyordu?
3. Havanın sıcak olması sergiye zarar mı verdi?

ÇÖZÜM:

Harika Amca Stan'in Balmumu Heykel Sergisi'ne gitmek istiyorlardı. Ama üzerine güneş vurunca heykellerin hepsi eridi. Böylece sergi iptal edildi.

Bu garip ördekler hiç vaklamaz ve uçmaz. Ama harika birer yüzücüdür. Ayrıca içlerinde her zaman bir insan olması gerekir.

KİLİT SORULAR:

1. Bu ördekler insan mı yiyor?
2. Bu ördekler canlı mı?
3. İçlerinde hava mı var?

ÇÖZÜM:

Bunlar, halka açık yüzme havuzunda bulunan ördek şeklindeki simitler. Cesur Soos tarafından kurtarılıp doğaya salındılar!

MABEL'IN ÇIKARTMALI ANI DEFTERİ

Düşler Partisi

ÇIKARTMALAR SAVAŞI

Oyun Süresi: 10 dakik

4-12 oyuncuyla oyna

İdeal oyuncu sayısı: 6-8

Zorluk Derecesi: Orta

Mabel'ın Çılgınlık Derecelendirmesi: **İŞTE, BU TAM BENLİK!**

HAZIRLIK

1 Bu oyun için çok ama çok fazla çıkartmaya ihtiyacın var! Rengârenk veya tematik olanlardan kullanırsan daha iyi olur!

2 Grubundaki her oyuncuya birkaç çıkartma yapıştır (3-10 adet çıkartma yeterli). Ve sonra da hiçbir şey olmamış gibi konuşmaya devam edin.

NASIL OYNANIR?

Kimsenin kendi çıkartmalarına dokunmasına izin vermezken diğerlerinin çıkartmalarını almaya çalışacaksın.

KAZANAN

En çok çıkartma toplayan oyunu kazanır!

Bir sonraki turda kuralları değiştirebilirsiniz.

Örneğin en çok kırmızı çıkartmayı ya da tek boynuzlu çıkartmasını veya prenses çıkartmasını toplayan kazanır gibi.

MABEL'IN ÇIKARTMALI ANI DEFTERİ

Sezgi Partisi

TAHMİN TOMBALASI

Oyun Süresi:
30-90 dakika

4-15 oyuncuyla oynan

İdeal Oyuncu Sayısı: 8-1(

Zorluk Dereces
Orta

Mabel'ın Çılgınlık Derecelendirmes
YÜKSEK

HAZIRLIK

Her oyuncuya, oyuna katılanların isimlerinin yazdığı bir liste verilir. Oyuncular, kendi listelerindeki her ismin yanına, parti sırasında onun mutlaka yapacağını düşündüğü bir eylemi yazar.

Paytak peçeteyi yedi.
Soos vazoyu kırdı.
Stan Dipper'ın sesiyle alay etti.
Dipper gizemli bir olay anlattı.

NASIL OYNANIR?

1 Oyuncular, kâğıtlara bakmadan listeleri değiş tokuş eder. Kimse kendine ait listeyi alamaz!

2 Her oyuncu elindeki listede yazan tahminlerden gerçekleşenlerin yanına birer işaret koyar.

3 Partinin sonunda tüm listeler ev sahibinde toplanır.

KAZANAN

Diğer oyuncuların ne yapacağı konusunda en fazla isabetli tahminde bulunan oyuncu kazanır.

HEYO!

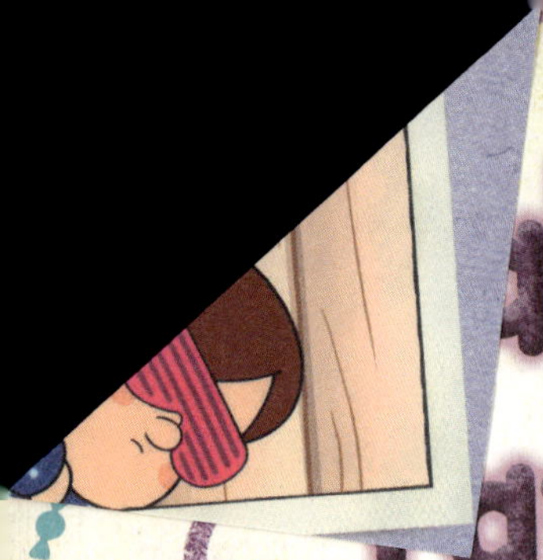

abel'dan avSiyeler

Yetişkinlerin çocuk ağlamasına dayanamadıklarını herkes bilir. Onlara yardımcı olursan kesin sana teşekkür edecekler!

GÖZYAŞLARINI ŞEKERE DÖNÜŞTÜR!

Ağlamanı sonlandırman karşılığında şeker kazanmana yarayacak 10 pazarlık cümlesi.

1 Ağzım şekerle dolu olsaydı böyle bağıra bağıra ağlayamazdım!

2 Ağlamamı durduramıyorum ama bir şekerin yardımı olabilir!

3 Şunu netleştirelim: Büyük bir şeker için her şeyi yaparım!

4 Mantıklı ol! Bu işin sonunda ikimiz de mutlu olacağız; sen huzurla dolacaksın bense şekerle!

5 İnatçılık yapma! Sinir hücrelerini bir hiç uğruna mı harcayacaksın? İstersen şekerlerimi seninle paylaşırım. Ne dersin?

6 Konu şeker olunca sabrım sınır tanımaz. Hayır demekten yorulan sen olacaksın. Vaktini neden harcayasın ki?

7 Hadi ama; böyle kararlı bir çocuğun olduğu için sevinmelisin. Pedagoglar uyarıyor: Çocuğunuzu şekersiz bırakmayın diyorlar!

8 Bu iş fazla uzadı. Daha fazla şekersiz kalırsam psikolojik travma yaşamaktan korkuyorum.

9 Kararlılığına saygı duyuyorum. Ama unutma, iletişimin önemli olduğunu söyleyen sendin. Öyleyse uzlaşalım!

10 Bu son şansın! İstersen baştan başlayalım, ha? Ağlayarak senden şeker isteyeyim?

HARİKA AMCA STAN'DEN

SİHİR NUMARALARI

Evladım, Harika Amca Stan'den süper bir numara öğrenmeye hazır mısın?

Öyleyse hayatının eğlence ve macerayla dolması için söylediklerimi not al!

Bu numara için iskambil kâğıtlarına ve bir yardımcıya ihtiyacın olacak Güvenebileceği herhangi biri s yardım edebilir Benim için Soo: yeterli.

Bu bir şifreli mesaj. Yanıtı için 142. sayfaya bak!

TEMOLO ÇT MİLZB

Arkadaşlarını topla ve karta bakmadan rengini (siyah veya kırmızı) tahmin edeceğini söyle!

Kart destesini onlara ver ve arkanı dönerek desteden herhangi bir kart seçmelerini iste.

Burada önemli nokta, Soos'un da seyircilerin arasında olup kartı görmesi. Sonra yüzünü seyircilerine dön.

Seçilen kart kırmızıysa, Soos'un kafasını kaşıyarak sana işaret vereceğini kimse bilmiyor. Kart siyahsa Soos hiçbir şey yapmayacak!

Şimdi de onlara, kartın rengini tahmin etmenin senin için çocuk oyuncağı olduğunu söyle!

Kartın rengini doğru bildiğinde kafaları karışacak ve nasıl yaptığına çok şaşıracaklar!

Bu sihirli numara karşılığında turistlerden... şey... yani arkadaşlarından para ya da şeker almaman gerektiğini biliyor olmalısın. Çünkü bu numara yalnızca ısınmak için. Bir sonraki çok daha ilginç olacak. Ayrıca seyirciler, aralarından birinin sana yardım ettiğini öğrendiklerinde pek hoş tepkiler vermiyorlar.

Ama sen söylemezsen nereden bilecekler?

Söylemeyeceksin, değil mi?

Çok yakışıklı biriydi ve Esrarengiz Kasaba'daki tüm kızlar onunla çıkmak istiyordu.

Ama günün birinde, bedeni kara orman tarafından ele geçirildi. Fakat bu korkunç savaşı kaybettiğini düşündüğü anda, kendisine yardım eli uzatıldı; hem de küçük bir kız tarafından.

1
2
3
4
5
6

KİLİT SORULAR:

1. Orman tüm bedenini mi kaplamıştı?
2. Kara orman bedeninin üzerinde mi büyüdü?
3. Bu yakışıklı çocuk Harika Amca Stan miydi?

ÇÖZÜM:

Harika Amca Stan göğsünde kara kıllardan oluşan koca bir orman taşıyordu. Medeni bir insana benzemesi için için Mabel'ın onu tıraş etmesi gerekti.

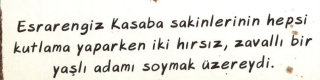

Esrarengiz Kasaba sakinlerinin hepsi kutlama yaparken iki hırsız, zavallı bir yaşlı adamı soymak üzereydi.

Olanlardan habersiz olan adam, o anda banyodan çıkıyordu.

Ve bu sayede kurtuldu.

Hürzch
BATS

6 1 345 12 89 1011 13

KİLİT SORULAR:

1 Bu kutlama Yaz Cadılar Bayramı mıydı?

2 Hırsızlar şeker mi çalacaktı?

3 Hırsızlar adamın görünüşünden mi korktular?

ÇÖZÜM:

Harika Amca Stan çocuklara şeker vermek istemiyordu. Kaçsınlar diye çocukları korkutmaya karar verdi. Ama yaptığı hiçbir şey onları korkutmadı; Harika Amca Stan'in banyodan çıkarkenki hâli hariç! Bu sayede hem çocukları hem de hırsızları kaçırdı!

MABEL'IN ÇIKARTMALI ANI DEFTERİ

Bulmaca Partisi

HERKES BİR TUHAF

Oyun Süresi: 30-90 dakika 10-30 oyuncuyla oyna

Zorluk Derecesi: Orta İdeal Oyuncu Sayısı: 15-20

Mabel'ın Çılgınlık Derecelendirmesi:

Ç-O-O-O-K ÇILGIN!

HAZIRLIK

Her oyuncu, bir kâğıt parçasına bir görev yazıp şapkanın içine atar. Sadece üç çeşit görev yazılabilir:

Giysilerinin bir yerini kimseye fark ettirmeden değiştirmek (Notta ne yapacağı yazılır.); Belirli bir davranışı yapmak (Notta davranış tarif edilir.); Konuşurken belirli bir sözcüğü söylemek (Nota bu sözcük yazılır.).

Ara sıra yakana dokun.

Çaktırmadan cümle ortasında "şekerim" de.

Her 7 saniyede bir hapşır.

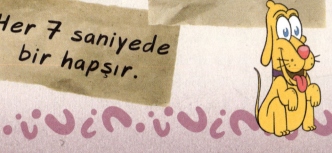

NASIL OYNANIR?

Herkes şapkadan birer görev kâğıdı çeker.

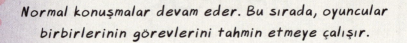

Normal konuşmalar devam eder. Bu sırada, oyuncular birbirlerinin görevlerini tahmin etmeye çalışır.

Bir oyuncu, başka bir oyuncunun yerine getirdiği görevi anladığında, tahminini bu oyuncunun kulağına fısıldar. Doğru bilmişse oyuncunun elindeki görev kâğıdını alır. Yanlış tahminde bulunmuşsa artık o oyuncunun görevi hakkında tahminde bulunamaz.

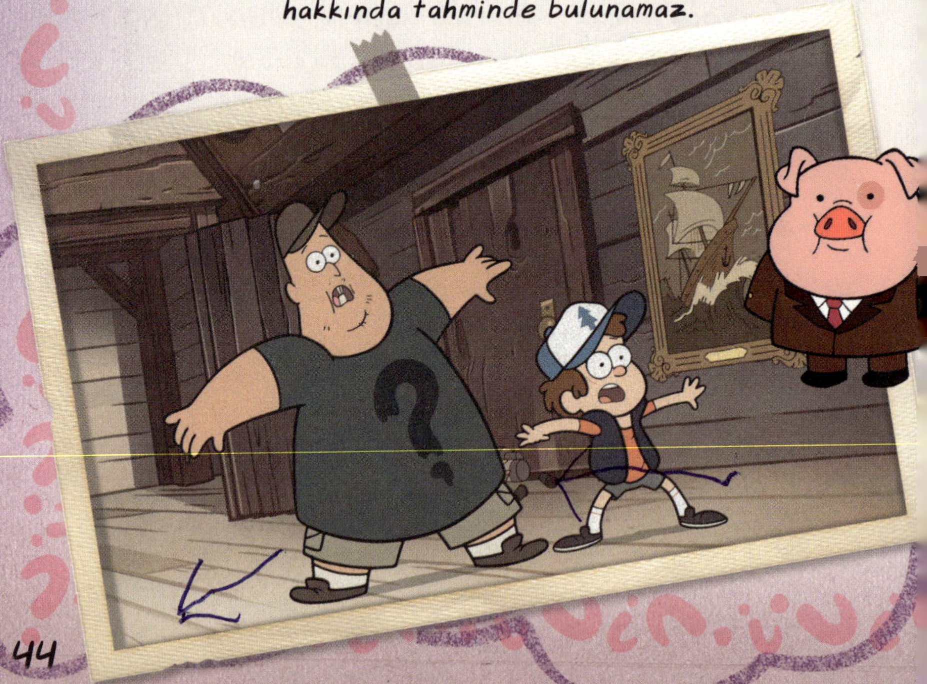

KAZANAN

En çok görev kağıdını toplayan
kişi oyunu kazanır.

MABEL'IN ÇIKARTMALI ANI DEFTERİ

Büyük Patlama Partisi

KÖR NAVİGASYON

Oyun Süresi: **20-30** dakika

5-20 oyuncuyla oynanı

Zorluk Derecesi: Kolay

İdeal Oyuncu Sayısı: **8-10**

Mabel'ın Çılgınlık Derecelendirmesi:

AHAHAHAHAHA! İŞTE BUNA ÇILGINLIK DENİR!

HAZIRLIK

Odanın içi, mobilyalar veya büyük eşyalarla olabildiğince dağınık bir hâle getirilir ve eşyalar arasında yarım metre veya daha fazla genişlikte geçiş alanları bırakılır.

NASIL OYNANIR?

Oyuncuların amacı, gözleri bağlı hâlde odanın en uzak köşesine ulaşmaktır.

Bir eşyaya ya da başka herhangi bir şeye her değdiklerinde oyuncular birer ceza puanı alır.

KAZANAN

En az ceza puanı alan kişi
oyunu kazanır!

TEST

UYKUYLA ARAN NASIL?

Yatakta zaman kaybetmediğinden emin misin? Uykuların yeterince eğlenceli geçiyor mu? Uyku meraklısı testini çöz ve nasıl bir uykucu olduğunu öğren!

Yastığına aşağıdaki isimlerden hangisini taktın?

2 PUAN:	3 PUAN:	5 PUAN:
Yastık	Yumuşak Yumru	Sihirli Rüyalar Diyarı Rehberim!

Uyurken hangisini giyersin?

Kirli bir tişört	Ne bulursam onu	Tekboynuzlu pijama takımım!

ıtlu olmak için bir insanın kaç pijamaya ihtiyacı vardır?

5	7	Önemli olan pijamaların sayısı değil, rengârenk olmalarıdır!

Uyumadan önce ne yaparsın?

Pijamalarımı giyerim.	Yatakta hoplarım.	Bir şarkı söylerim.

ıumadan önce ne hakkında bir masal dinlemek istersin?

Prensesler hakkında	Ördedektifler hakkında	Favori müzik grubum hakkında!

Uyumadan önce aklından ne geçer?

Ödevimi yaptım mı?	Bugün kimlerle buluştum?	Yarın hangi partiye gideceğim?!
2 PUAN	**3 PUAN**	**5 PUAN**

2 PUAN	3 PUAN	5 PUAN

Uyurgezer misin?

Hayır	Evet	Ben sadece tuvaleti arıyordum.

Uyku tutmazsa uyumak için hangisini sayarsın?

Kuzuları	Filleri	Tekboynuzlu atları!

Uyumadan önce sorular sorarak kardeşini kaç kere uyandırırsın?

Sıfır. Kardeşim yok.	Sadece üç kez.	Ben soru sormam, evreni kurtarırım!

Uykunda konuşur musun?

Hayır	Evet	Konuşurum ama kimse beni duymaz!

Horlar mısın?

Evet	Hayır	Horlamıyorum, şarkı söylüyorum!
2 PUAN	3 PUAN	5 PUAN

Toplam puanın 22'den azsa: HMM...
Testi tekrar yap ama bu sefer okuduğun ilk şıkkı seçme.

Toplam puanın 22 ile 40 arasındaysa:
Fena değil! Uykuda mumya gibi hareketsiz yattığın söylenemese de hâlâ biraz eğitime ihtiyacın var!

Toplam puanın 40'tan fazlaysa:
Mükemmel! Rakipsizsin! Uykunda bile maceradan maceraya koşuyorsun!

Dipper'ın Açıklanam

Gizemli Kulübe'nin etrafındaki eşyalar kaybolmaya başlamıştı.

Kısa bir süreliğine bile olsa gözetimsiz bırakılan her şey bir anda yok oluyordu. Suçluyu bulmak çok kolaydı aslında ama suçlu ne tutuklandı ne de ceza aldı.

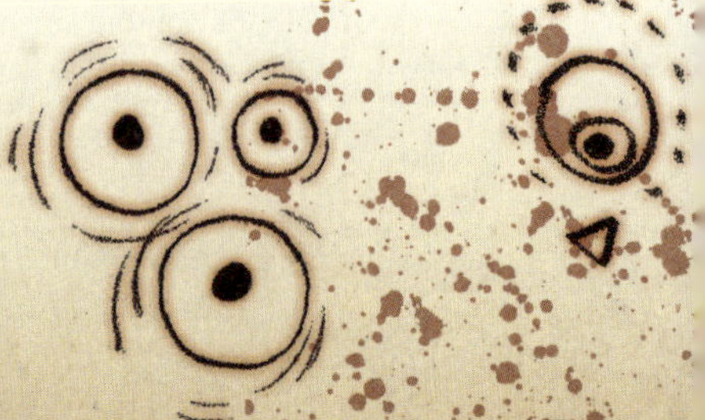

n Olaylar Rehberi

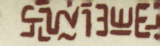

KİLİT SORULAR:

1 Hırsız, ayrım gözetmeksizin ne bulursa alıyor muydu?

2 Hırsız çalınan her şeyi yedi mi?

3 Bu hırsız, bir insan mıydı?

ÇÖZÜM:

Hırsız, bulduğu her şeyi yiyen bir keçiden başkası değildi.

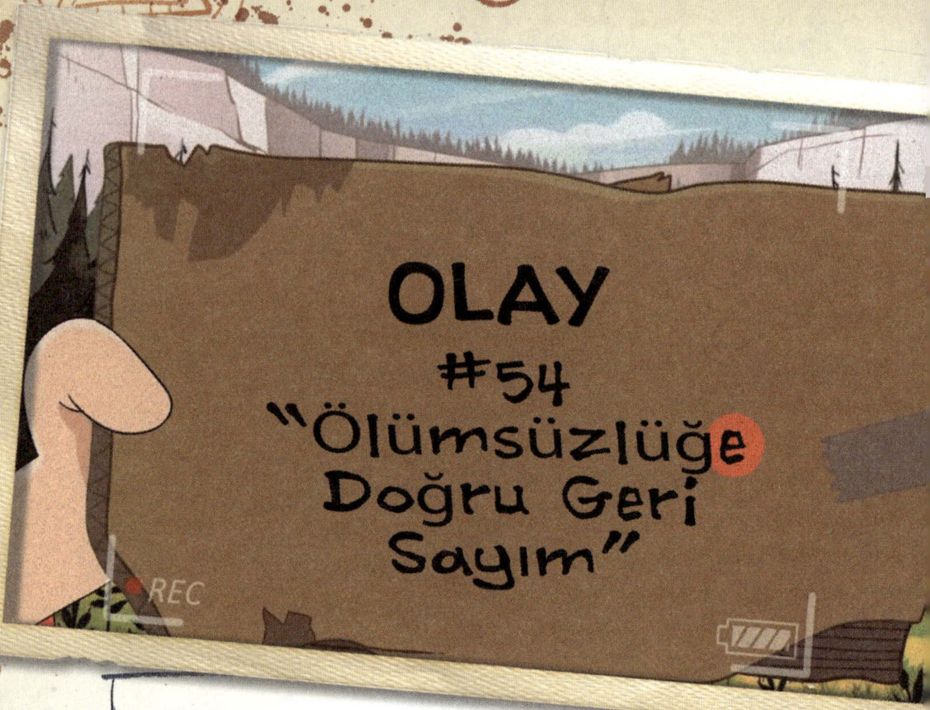

Nihai hedefi olan ölümsüzlüğe ulaşmak için yıllarca sanatını mükemmelleştirdi! Sonunda başardı da. Ama ne işler hayal ettiği gibi oldu ne de başarısı uzun sürdü. Bunun tek nedeni de elektrikti.

FA ĞŞÖ ÖEÜMYMÖ
FNÜ FAPREGE!

?

KİLİT SORULAR:

1 Bu kişi ölümsüz müydü?

2 Oyundaki ölümsüzlükten mi bahsediyoruz?

3 Bu kişi Soos muydu?

ÇÖZÜM:

Soos, tilt oyununda rekor kırmayı hayal ediyordu. Hile yaparak bunu başardı ama oyun kontrolden çıktığı için makineyi kapatmak zorunda kaldı. Bu yüzden de tüm kayıtlar silindi.

MABEL'IN UNUTULMAZ OLAYLAR ALBÜMÜ

Tanışma Partisi

NE KARGAŞA AMA!

Oyun Süresi: 20 Dakika

6-16 oyuncuyla oynanı.

Zorluk Derecesi: Orta

İdeal Oyuncu Sayısı: 6-8

?10-12-22-15-6-21-12-17-12?

12-4-12-17-6 1-24-16-1

Mabel'ın Çılgınlık Derecelendirmesi:

İŞTE, BU TAM BANA GÖRE!

HAZIRLIK

Her oyuncu, üç parça kâğıda vücut bölümlerinin adlarını yazar ve kâğıtları bir şapkaya atar. Oyuncular ikişerli gruplara ayrılır.

BURUN

TOPUK

KABURGA

NASIL OYNANIR?

Şapkanın içindeki not kâğıtları karıştırılır ve sonra ilk çift, odanın ortasına geçerek şapkadan birer kâğıt çeker.

Diyelim, bu kağıtlarda "sol ayak" ve "karın" yazıyor. İlk oyuncu sol ayağını ikinci oyuncunun karnına uzatır. Böylece ilk bağlantı kurulur. Bağlantılardan biri bozulana ya da artık ayakta duramaz hâle gelinceye kadar aynı çift oynamaya devam eder. Sonrasında sıra diğer oyuncu çiftlere geçer.

KAZANAN

Düşmeden en çok bağlantıyı kuran çift, oyunu kazanır.

MABEL'IN ÇIKARTMALI ANI DEFTERİ

Yanıt Partisi

KARANLIKTA ÖRDEDEKTİFÇİLİK!

Oyun Süresi: **20-30** Dakika

5-30 oyuncuyla oynan

Zorluk Derecesi: Orta

İdeal Oyuncu Sayısı: **7-15**

Mabel'ın Çılgınlık Derecelendirmesi:

ONLARA NE KADAR ZEKİ OLDUĞUMU GÖSTERECEĞİM!

HAZIRLIK

Oyunculara eşit sayıda kart dağıtılır. Kupa Papazı'na sahip olan oyuncu Ördedektif'tir ve kartını herkese gösterir. Maça Ası olan oyuncuysa katildir. Bunu kimseye söylemez. Diğer tüm kartlar sıradan vatandaştır. Herkes kartlarını oyunun sonuna kadar saklar.

NASIL OYNANIR?

Herkesin gözleri bağlanır ve odanın ışığı kapatılır. Ördedektif odadan çıkar. Oyuncular odada yürümeye başlar, dokunarak yanlarındakilerin kimler olduğunu anlamaya çalışırlar. Bir süre sonra katil kurbanının omzuna dokunur ve onu yere doğru oturtur. Kurban bağırır ve yere oturur.

Oyuncular - ölen kurban dışındakiler - odanın duvarlarına doğru kaçışarak katilden olabildiğince uzaklaşmaya çalışır.

Artık Ördedektif içeri girebilir. Işıkları yakar. Katil hakkındaki tahminlerini öğrenmek için sınırlı bir süre içinde "canlı kalan" oyunculara sorular sorar. "Ölen" kurbanaysa soru soramaz.

KAZANAN

Ördedektif katili bulmalı ve ondan kartını göstermesini istemelidir. Ördedektif tahmininde haklı çıkarsa kazanır. Hatalıysa katil kazanır.

Oyunun adil olmasını istiyorsanız her oyuncu Ördedektif rolünü oynayıncaya kadar oyunu devam ettirin.

Mabel'dan Tavsiyeler

En sevdiğin oyuncak ayını mutlu edecek

10

DAVRANIŞ

HADİ HEMEN YAP!

Oyuncak ayını seviyorsan onu mutlu eden en az 10 davranışı da biliyor olmalısın. Listedeki davranışlardan yaptıkların varsa işaretle!

1 ☐ Uyurken ona sarıl.

2 ☐ Ona süper sevimli kıyafetler dik.

3 ☐ Onu okul çantana koy.

4 ☐ Dondurmanı onunla paylaş

5 ☐ Çizgi filmlerdeki heyecanlı sahnelerde gözlerini kapat.

6 ☐ Evde en sevdiğin yerlerde birlikte oturun.

7 ☐ Onu derslerine sok.

8 ☐ Beraber yeni bir dans öğrenin.

9 ☐ Onun resmini çiz.

10 ☐ Ona gizli bir isim ver.

11 ☐ En sevdiğin çıkartmanı onun üstüne yapıştır.

12 ☐ Onun için bir şarkı yaz.

13 ☐ Onu salıncakta salla.

14 ☐ Onunla gün doğumunu izle.

"10 Davranış" demek "14 Davranış" demekten daha havalı olduğu için öyle dedim! Sen yine de hepsini yapmayı dene!

HARİKA AMCA STAN'DEN

SİHİR NUMARALARI

Daha fazla kart numarası öğrenmeye hazır mısın bakayım?

Heyecanlı seyircilerini şaşırtmak ve şöhretin ışığında güneşlenmek mi istiyorsun? Bu isteğini çok iyi anlıyorum. Harika Amca Stan sana yardım edecek!

İŞTE BANA HER ZAMAN ŞANS GETİREN BİR NUMARA!

Bir deste kart al ve içinden birini seçip aklında tut. Diyelim ki bu kart Kupa Kraliçesi olsun.

Ardından, tüm desteyi masanın üzerine yüzleri aşağı bakacak şekilde dağıt. Ama bunu yaparken gözlerini Kupa Kraliçesi'nden ayırma ve onu koyduğun yeri aklına yaz.

Şimdi herkesi kandırma zamanı. İzleyicilerine, kartların arka yüzünü görmek gibi bir süper güce sahip olduklarını anlat (az sonra hepsi buna inanacak!). Güzel sözler söyleyerek onları bol bol övmekten çekinme, salla gitsin! Bu o kadar hoşlarına gidecek ki akıllarında kuşku falan kalmayacak!

Sözlerinden en çok etkilenen izleyicini seç. Ondan odaklanarak kartlara göz gezdirmesini iste ve kartların arka yüzüne bakmadan Kupa Kraliçesi kartını bulup sana verebileceğini söyle. Aslında herhangi bir kartı seçip sana verecek tabii, ama sen ona bunu çaktırmayacaksın. Ha-ha!

Tabii ki sana yanlış kartı verecek, örneğin bir Sinek Sekizlisi.

Ama sen ona başardığını sanacağı şekilde bakacaksın. Tezahürat ederek onu kutla ve sana verdiği kartı hiç kimseye gösterme!

Kendine yeni bir kurban seç ve ondan sana kartların arasından Sinek Sekizlisi'ni alıp vermesini iste.

Zavallıcık sana tabii ki başka bir kart verecek, örneğin Karo As. Ama ona da doğru kartı bulduğunu ve süper güçlere sahip olduğunu söyleyeceksin.

Şimdi zafer zamanı! Herkese ciddi bir ifadeyle bak ve kart çekme sırasının kendinde olduğunu ve kartlara bakmadan Karo As'ı çekeceğini söyle! Ancak masadan alacağın kart elbette yerini bildiğin Kupa Kraliçesi olacak! Herkese göstermeden önce tüm kartlara düşünceli bir ifadeyle göz gezdir ve üç kartı da açarak onlara göster! Şok olacaklar!

Kartları masanın üzerine fırlattım! Kupa Kraliçesi, Sinek Sekiz ve Karo Ası'nı herkes görsün!

BU NASIL OLABİLİR??? İMKÂNSIZ!!!

Artık ödülleri toplama zamanı! Hayranlarına, çikolatanın (ya da canın ne istiyorsa) en güzel teşekkür şekli olduğunu söyle. Şahsen, ben banknotlarla teşekkür kabul ediyorum. Kâğıt para yoksa bozukluklar da iş görür!

Dipper'ın Açıklanam

Evlendikten sonra mutlu bir hayat yaşıyorlardı. Ama kış gelince kadın güneye gitmek istedi ve kocası da onun yerine karısını ağaçta uyuttu!

KİLİT SORULAR:

1 Kadın güneye tatil için mi gitmek istiyordu?

2 Ağaçta uyurken rahat mıydı?

3 Kadın bir insan mıydı?

ÇÖZÜM:

Esrarengiz Kasaba'nın eski günlerinde erkekler ağaçkakanlarla evlenebiliyorlardı. Tabii, böyle birinin tuhaflıklar yaşamaya hazırlıklı olması şarttı!

Polis arabayı hız sınırını aştığı için durdurdu. Sonunda sürücünün ehliyetinin olmadığı ortaya çıktı. Buna karşın sürücü ceza almadı. Neden?

KİLİT SORULAR:

1 Sürücü hayatında ilk kez mi direksiyon başına geçiyordu?

2 Sürücü nasıl araba kullanıldığını biliyor muydu?

3 Sürücü insan mıydı?

ÇÖZÜM:

Harika Amca Stan, direksiyona bir ayıyı oturtmuştu ve polis onları durdurduğunda, onun rehber ayı olduğu yalanını söyledi. Böylece serbest kaldılar.

MABEL'IN ÇIKARTMALI ANI DEFTERİ

Kaybolan PARA PARTİSİ!

Oyun Süresi: 5 Dakika
4-16 oyuncuyla oynanı

Zorluk Derecesi: Kolay
İdeal Oyuncu Sayısı: 6-10

Mabel'ın Çılgınlık Derecelendirmesi:

BAŞLANGIÇ İÇİN FENA SAYILMAZ!

HAZIRLIK:

Bir kişi ebe seçilir. Diğer oyuncular masanın etrafında oturur. Oyunculardan biri bir bozuk parayı masanın üzerine koyar. 30 saniye saydıktan sonra oyun başlar!

NASIL OYNANIR?

Oyuncular, kronometre duruncaya kadar bozuk parayı masanın altında elden ele dolaştırırlar. Ebe, "dur!" dediğinde, herkes ellerini yukarı çıkarır ve avuç içleri aşağı bakacak şekilde masanın üzerine koyar. Bu şekilde ebe, bozuk paranın kimde olduğunu göremez. Sonra da ebe paranın kimde olduğunu doğru tahmin etmeye çalışır.

KAZANAN

Ebe paranın kimde olduğunu doğru bilirse, parayı elinde tutan oyuncuyla yer değiştirir. Yanlış bilirse kötü şans tekrar ebe olur!

Saçma Ötesi PARTİSİ

Oyun Süresi: 10 Dakika

2-10 oyuncuyla oynanır

Zorluk Derecesi: Kolay

İdeal Oyuncu Sayısı: 4-6

? 2-25 12-23-12 14-11-29-15-1-21-1 2-11-21-1-14! ?

Bu bir şifreli mesaj. Yanıtı 142. sayfada.

Mabel'ın Çılgınlık Derecelendirmesi:

YÜKSEK!

HAZIRLIK:

Oyuncular sırayla, birbirine kafiyeli olan sözcükler yazarlar.

NASIL OYNANIR?

Oyuncular bu sözcükleri kullanarak şiirler uydurur.

Ya da bir oyuncu kâğıda vücudun bir bölümünü çizer, sonra kâğıdı diğer oyuncuya verir. O da vücudun başka bir bölümünü çizer. Böylece kâğıt elden ele dolaşır.

KAZANAN

Bu oyunun kazananı yoktur. Oyunu bitirmek istediğinizde, birlikte ortaya çıkardığınız şiir veya resimlere bakarak partinize eğlence katın!

HARİKA AMCA STAN'DEN

SİHİR NUMARALARI

Bütün o tuhaf yaratıklar ile canavar kanlarının Gizemli Kulübe'ye nereden geldiğini biliyor musun?

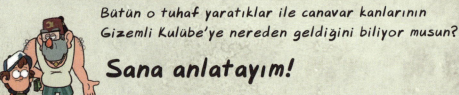

Sana anlatayım!

Ayçiçeği yağı, su ve şeffaf bir cam kavanoza ihtiyacın olacak. Yardımcın olarak yanına bir yetişkin alsan iyi olur. Çünkü evde neyin nerede olduğunu onlar bilir!

Yağı ve suyu şişeye boşalt.
İçine biraz gıda boyası dök;

KIRMIZI OLMAZ, YEŞİL RENK CANAVARLAR İÇİN ÇOK DAHA UYGUN!

Evinizde tonlarca gıda boyası olduğuna eminim. Yoksa gidip marketten alman gerekecek!

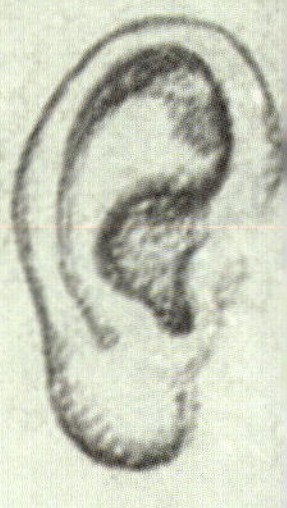

Şişeye bir adet suda eriyen aspirin at ve TADAAA!

IYYK, BU İĞRENÇ!

VAY BE!

TIPKI BİR LAVA LAMBASINA BENZEMİYOR MU?

KİM DEMİŞ?

GREMOBLİN KANI BU!

Hoşuna gitmeyen varsa benden satın almayıversin!

Dipper'ın Açıklanam

Hiç utangaç biri değildi ama her yemekten sonra kıpkırmızı kesilirdi.

PATLAT
BALONLARI

KİLİT SORULAR:

1 Yemek yemeyi sever mi?

2 Bu bir insan mı?

3 Yoksa kendisi bir yemek mi?

ÇÖZÜM:

O, Mabel ve Gideon'unki gibi buluşmalar için restoranlarda servis edilen bir ıstakoz. Piştiğinde rengi kırmızıya döner. İyi biri ol ve onu yeme.

Esrarengiz Kasaba'nın tarihindeki en büyük iş anlaşması yapılmak üzereydi. Bu anlaşma sayesinde kasaba sonsuza dek değişecekti. Ama kırık bir broş her şeyi mahvetti!

KİLİT SORULAR:

1 Anlaşma adil miydi?

2 Bir şekilde Gideon'la mı ilgiliydi?

3 Broşu Mabel mı kırdı?

ÇÖZÜM:

Mabel, Gideon'ın sihirli broşunu kırmasaydı Gideon'ın babası ile Harika Amca Stan iş ortağı olacaklardı ve Gizemli Kulübe de sonsuza dek değişecekti!

MABEL'IN ÇIKARTMALI ANI DEFTERİ

Tahmin Partisi

NEYLE İLGİLİ?

Oyun Süresi: 15 Dakika

3-15 oyuncuyla oynanır

Zorluk Derecesi: Basit

İdeal Oyuncu Sayısı: 6-8

Mabel'ın Çılgınlık Derecelendirmesi:

HAYLİ YÜKSEK!

HAZIRLIK:

Seçtiğiniz ebe hemen odadan çıkar. Kalan oyuncular odadan bir kişiyi seçer ve odaya dönen ebeden, onun kim olduğunu tahmin etmesini ister.

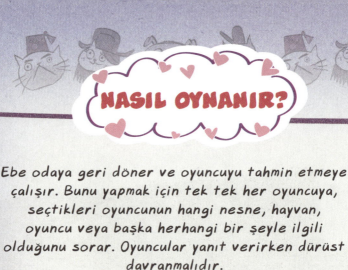

NASIL OYNANIR?

Ebe odaya geri döner ve oyuncuyu tahmin etmeye çalışır. Bunu yapmak için tek tek her oyuncuya, seçtikleri oyuncunun hangi nesne, hayvan, oyuncu veya başka herhangi bir şeyle ilgili olduğunu sorar. Oyuncular yanıt verirken dürüst davranmalıdır.

Ebe, yanıtı bulduğuna emin olduğunda oyuncunun ismini söyler. Tahmini doğruysa kazanır. Değilse kaybeder ve ardından yeni bir ebe seçilir.

Bu oyunda puan kazanılır. Ebenin 3 tahmin hakkı vardır. İlk denemede doğru tahmin ederse 3 puan alır. İkinci denemede doğru tahmin ederse 2 puan alır. Son olarak, üçüncü denemede doğru tahmin ederse 1 puan alır.

Ne yer? Soos'la aynı yemekleri!

Nasıl giyinir? Yaşlı McGucket tarzında!

Hangi meslek grubundandır? Kasiyerlik!

KAZANAN

Herkes bir kere ebe oluncaya kadar oyun sürer! Sonunda, en çok puana sahip olan oyuncu oyunu kazanır. Eğer iki oyuncu eşit puana sahipse bir tur daha oynanır.

MABEL'IN ÇIKARTMALI ANI DEFTERİ

Su Damlası Partisi

KUTSAL KUPA!

Oyun Süresi: 3-10 Dakika

2-8 oyuncuyla oynanır

Zorluk Derecesi: Kolay

İdeal Oyuncu Sayısı: 4-6

Mabel'ın Çılgınlık Derecelendirmesi:

SÜPER YÜKSEK!

HAZIRLIK

İki bardak ağzına kadar suyla doldurulur ve iki oyuncuya birer tane verilir.

NASIL OYNANIR?

Oyunculardan, 3 dakika içinde ellerini kullanmadan rakiplerinin bardağındaki suyu olabildiğince fazla miktarda dışarı dökmeleri istenir. Tek elleriyle yalnızca kendi bardaklarını tutabilirler, bunu dışında ellerini kullanamazlar.

LOL!

KAZANAN

Rakibinin bardağından daha fazla su döktüren oyuncu yener ve bir puan alır! Her turda sırayla oynayarak takım hâlinde de yarışabilirsiniz. En çok puana sahip olan oyuncu ya da takım oyunu kazanır.

Mabel'dan Tavsiyeler

DİĞER GIDALARLA AŞIRI UYUMLU ŞEKER ŞEKİLLERİ

Daha önce yediğin şekle sahip şekerleri işaretle

Onları nasıl eşleştirdiğini ve neden bir araya getirdiğini unutma!

Jelibon solucan	Patates	Solucanlar patatesin içine tüneller açmış gibi görünür.
Jelibon ayılar	Turuncu renkli herhangi bir gıda	Tam bir renk ve şekil arkadaşlığı!
Çiçekli şeker	Soğan, maydanoz ve dereotlu çorbalar	Çünkü çiçekler iğrenç gıdalarla ilgili tatsız hatıraları yok eder.
Jelibon kelebek	Pankek	Çünkü pankekler, kelebeklere özel tereyağlı iniş pistlerini andırır.
Halka şeker	Yulaf ezmesi	Çünkü halkalar hazinelere ve yulaf da korsan adasına benzer!

23-6-14-6-21 22-6-27-16-12-28-18-21-25-16 5-6-16-6!

Üçgen şekerler	Waffle	Kübizm güzel bir sanat hareketidir.
Meyve ve kuruyemiş	Komposto	Bu çiftle ilgili hiçbir sıkıntı yok.
İnsan şeklinde şeker	Haşlanmış yumurta	İnsanoğlu Mars'a gitmiş gibi.
Kız şeklinde şeker	Oğlan şeklinde şekerler	İşte sana harika bir çift!

Kurabiye Evi	Puding	Pudingi yanardağdan püsküren lavmış gibi düşünebilir ve onu yiyerek evi kurtarabilirsin!
Jelibon dudaklar	Lezzetsiz gıdalar	En azından oynayacak bir şeyin olur.
Böcek şekerler	Sebze salatası	Biri sebzeleri yıkayamamış ve böcekler hala oradaymış gibi!
Beyin şekerler	Brokoli	Çünkü ikisi birbirine çok benzer!

MABEL'IN ÇIKARTMALI ANI DEFTERİ

Zekâ Partisi

HARİKA AMCA STAN'İN ŞANS ÇARK

Oyun Süresi: 15-30 Dakika

Zorluk Derecesi: Orta

5-15 oyuncuyla oynanır

İdeal Oyuncu Sayısı: 2-5

Mabel'ın Çılgınlık Derecelendirmesi:

ÇILGIN SAYILMAZ AMA ÇOK İLGİNÇ!

HAZIRLIK:

Kalem, kâğıt ve kronometreni al! Çarka dikkatle bak ve kronometreni 1 dakikaya ayarla!

NASIL OYNANIR?

Kronometreyi durdur ve çarkta gördüğün harflerle sözcükler oluşturup yazmaya başla!

KAZANAN

Kağıdına bu harflerle en çok sözcük yazan kişi oyunu kazanır!

[redacted] amur [redacted]
başına bırakt[redacted]
[redacted]nlam[redacted]
Ama[redacted]
de[redacted]rme [redacted]
[redacted] saygı [redacted]
[redacted]dı..

KİLİT SORULAR:

1 Beden değiştirme onunla mı yapılıyordu?

2 O bir insan mı?

3 Sihirli bir eşya mıydı?

ÇÖZÜM:

O, Gizemli Kulübe'deki sihirli halıydı. Eski bir odada unutulmuş hâlde duruyordu; insanlar ayakkabılarıyla üzerine basıyordu. Fakat sonra onun beden değiştirme gücünü keşfettiler!

OLAY
#67
"Ne aile ama!"
REC
Babasına benzemeyi o kadar çok istemiyordu ki ormana kaçtı!

KİLİT SORULAR:

1 Ormanda mı yaşıyor?

2 Babası ondan daha mı korkunç biri?

3 O bir insan mı?

YANIT:

Gremoblin aynaya baktığında en büyük kâbusunu gördü; babası gibi biri olmaktan korkuyordu. Bu nedenle Gizemli Kulübe'den kaçtığı için Dipper ve Mabel da kurtuldu.

MABEL'IN ÇIKARTMALI ANI DEFTERİ

İyilik Partisi

MERAKLI MABEL

Oyun Süresi: 10 Dakika

2-20 oyuncuyla oynanır

Zorluk Derecesi: Basit

İdeal Oyuncu Sayısı: 6-8

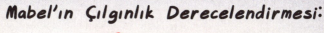

Mabel'ın Çılgınlık Derecelendirmesi:

YÜKSEK!

HAZIRLIK:

Buna hazırlanman mümkün değil!

NASIL OYNANIR?

Ebe (yani Meraklı Mabel) her oyuncuya "KİM? KİMİNLE? NEREDE?" gibi sorular sorar. Oyuncular da seçilen harfi kullanarak ona yanıt verir.

Örneğin: Önceden, tüm yanıtların "P" harfi ile başlamasına karar verilir.

KİM? - Pines
NE ZAMAN? - Pazartesi
KİMİNLE? - Papağanla
NE YAPTI? - Pırasa doğradı
NEREDE? - Parti gemisinde

Her oyuncunun yanıt vermek için sadece bir saniyesi vardır. Daha uzun düşünür veya yanlış harfle başlayan bir yanıt verirse oyundan çıkar.

KAZANAN

Oyunda kalan son oyuncu oyunu kazanır.

yetenek Partisi

TELEPATİ

Oyun Süresi: 10 Dakika

2-8 oyuncuyla oynanır

Zorluk Derecesi: Kolay

İdeal Oyuncu Sayısı: 4-6

Mabel'ın Çılgınlık Derecelendirmesi:

ÇOK HAVAAALI!

HAZIRLIK:

Oyuncular bir sözcük belirler. Sonrasında da her oyuncu, bu sözcükle ilgili aklına gelen 6 sözcüğü kendi kâğıdına yazar.

NASIL OYNANIR?

Oyuncular sözcüklerini karşılaştırır. Yazılan ortak sözcüklere bağlı olarak her biri puan kazanır.

Örneğin üç oyuncu aynı sözcüğü yazmışsa her biri 3'er puan alır. Eğer senin yazdığın sözcüğü başka hiç kimse yazmadıysa sadece 1 puan alırsın.

KAZANAN

3 ya da 5 tur sonunda en çok puan toplayan oyuncu, oyunu kazanır. Oyunu çok daha ilginç ve eğlenceli hâle getirmek için karmaşık sözcükler belirlemeye çalışın.

HARİKA AMCA STAN'DEN

SİHİR NUMARALARI

Hayda! Yine mi sen?!

Saçma isteklerinle yine beni rahatsız mı edeceksin???

TV seyretmeyi planlıyorum ve bu konuda çok kararlıyım!

Tamam, tamam!

Harika Amca Stan'in ne kadar iyi biri olduğunu unutmaman için sana bir numara daha anlatacağım!

Şekerli çay ya da tatlı bir içecek içerken bardağına bir çay kaşığı daldır. İçeceğini güzelce karıştır!

DİKKAT!! KAŞIK SICAK OLABİLİR. KENDİNİ YAKMA!

Sonra herkese manyetik süper güçlerin olduğunu öğrendiğini ve artık tüm metallerin sana yapıştığını söyle!

İddianı ispatlamak için kupadaki kaşığı al. Kaşığı yalama! Burnunun üzerine yerleştir.

Evet, tıpkı bu fotoğrafta Mabel'ın yaptığı gibi.

Kaşığı burnuna iyice bastır!

lini çektiğinde kaşık burnunda kalacak. Özellikle de daha
nce kaşığı içine soktuğun içecek yeterince şekerliyse.

AHAHA! ŞAPŞALLAR!

Senin Mıknatıs Sihirbazı olduğunu düşünecekler!

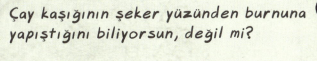

Çay kaşığının şeker yüzünden burnuna yapıştığını biliyorsun, değil mi?

Bunu kimseye söyleme!

Bu bizim sırrımız olacak!

62. sayfadaki gizli mesaj

(10-12-22-15-6-21-12-17-12 12-4-12-17-6 1-24-16-1)
A1Z26 şifrelemesinin yardımıyla okuduğunda ortaya
"Hislerini içine atma" mesajı çıkacak.

90. sayfadaki gizli mesaj

(2-25 12-23-12 14-11-29-15-1-21-1 2-11-21-1-14!)
A1Z26 şifrelemesinin yardımıyla okuduğunda ortaya
"Bu işi kızlara bırak!" mesajı çıkacak.

115. sayfadaki gizli mesaj

(23-6-14-6-21 22-6-27-16-12-28-18-21-25-16 5-6-16-6!)
A1Z26 şifrelemesinin yardımıyla okuduğunda ortaya
"Şeker sevmiyorum deme!" mesajı çıkacak.

121. sayfadaki gizli mesaj

(F O Ş Ğ T Ü I A K T M P Z Ğ O M Z)
Atbaş şifrelemesinin yardımıyla "Harika Amca Stan'in Şans Çarkı" oyunundaki 3. tura ait harfleri okursan ortaya
"Şifre çözmek harika" mesajı çıkacak.

Y	V	U	Ü	T	Ş	S	R	P	Ö	O	N	M	L	
B	C	Ç	D	E	F	G	Ğ	H	I	İ	J	K	L	

GİZLİ MESAJ ÇÖZÜMLERİ

Kitaba, iyi bilinen şifreleme yöntemlerini (Sezar, Atbaş ve A1Z26) kullanarak çözebileceğin 8 gizli mesaj ekledik. Dikkatli ve yaratıcı olursan hepsini şipşak çözersin. İyi şanslar!

Kitap boyu süren bulmaca

Kitaptaki başlıklarda renkli dairelerle işaretlenmi harfleri birleştirip okuduğunda şifre çözülecek: **"Macera devam ediyor!"**

10. sayfadaki Gizli Mesaj

(DYPY FSCÖĞN LFLP DLTÇC YİTÇÜÖÇP IĞTĞNĞEĞN
ROT3 Sezar şifrelemesinin yardımıyla okuduğund ortaya **"Bunu çözmek için biraz uğraşman gerekecek!"** mesajı çıkacak.

30. sayfadaki Gizli Mesaj

(TEMOLO CT MİLZB)
Atbaş şifrelemesinin yardımıyla okuduğunda ortay **"Etkili ve kolay"** mesajı çıkacak.

58. sayfadaki gizli mesaj

(FA ĞŞÖ ÖEÜMYMÖ FNÜ FAPREGE!)
ROT5 Sezar şifrelemesinin yardımıyla okuduğunda ortaya **"Bu çok karışık bir bulmaca!"** mesajı çıkacak.

Disney Esrarengiz Kasaba - Oyun Kitabı
Özgün Adı: *Gravity Falls Gamebook # 1*

2. baskı: Eylül 2021
ISBN: 978-605-242-992-1

Çeviri: Ece Gürbüz
Yayına hazırlayan: Güneş Çıgay
Tasarım uygulama: Mevsim Eren

Baskı ve cilt: Keskin Color Kartpostalcılık AŞ
Sertifika no: 49470
Kavaklı Mah. Selanik Cad. No: 30 34596 Silivri-İstanbul
Tel: (0212) 651 48 22

BETA BASIM YAYIM DAĞITIM AŞ
Sertifika no: 49286
Narlıbahçe Sokak No:11 Cağaloğlu Fatih-İstanbul
Tel: (0212) 511 54 32 Faks: (0212) 513 87 05
www.betacocuk.com bilgi@betayayincilik.com

Yayın hakları ve izinler ile ilgili her türlü soru için:
bilgi@betayayincilik.com

6+